Das alles kannst Du selber machen:

4

Schwimmende Lichter

MATERIAL
- **leere Konservendose**
- **Kerzenreste**
- **Docht (Bastelladen)**
- **mehrere Walnußhälften**

Am oberen Rand der Dose formst du einen Ausguß. In die Dose füllst du kleingeschnittene Kerzenreste und läßt sie im Wasserbad flüssig werden. Die alten Dochte kannst du nun herausfischen. Das Wachs gießt du vorsichtig in die leeren Nußschalen (Zeichnung 1). Den Docht tauchst du nur kurz darin ein, läßt ihn etwas erkalten und ziehst ihn dabei gerade. Stecke ihn erst dann endgültig ins Wachs, wenn sich an dessen Oberfläche eine Haut bildet (Zeichnung 2).

Damit deine Lichter schwimmen können, kleidest du eine runde Kuchenform mit Alufolie aus und füllst sie mit Wasser. Die Lichter glänzen auf diesem silbernen See und drehen ruhig ihre Kreise.

6

Weihnachtsvögel

MATERIAL

- mehrere Walnußhälften
- Goldbronze
- Pinsel
- farbiges Tonpapier
- Butterbrotpapier zum Abpausen
- Glimmer
- dünne Goldschnur
- Schere
- Klebstoff

Zuerst werden alle Nußhälften mit Goldbronze angemalt. Während sie trocknen, paust du die Vogelform ab, überträgst sie mehrmals auf das Tonpapier und schneidest sie aus. Auge, Schwanz und Schnabel werden mit Klebstoff bestrichen und mit Glimmer bestreut. Durch das Loch wird ein Stück Goldschnur gefädelt und festgeknotet (Zeichnung 1).

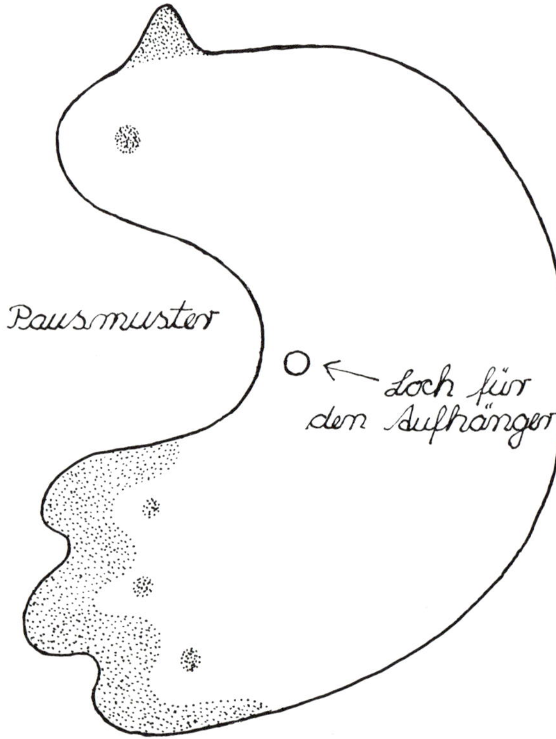

Nun bestreichst du immer zwei Nußschalen mit Klebstoff und drückst sie von beiden Seiten fest an den Vogelkörper (Zeichnung 2).
Auf dieselbe Art kannst du noch viele andere Figuren basteln.

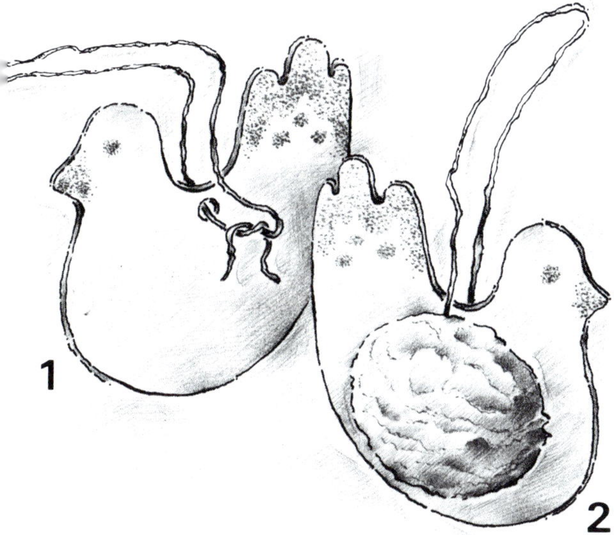

1

2

Aus vielen Tieren oder Blumen läßt sich auch ein Mobile basteln: Biege ein etwa 80 cm langes Stück Peddigrohr, Draht oder Haselrute zu einem Ring und umwickle diesen mit Goldpapier.
Deine Figuren knotest du mit verschieden langen Goldfäden daran fest.

MATERIAL

- viele zusammengehörende Schalenhälften
- Goldbronze
- Pinsel
- dünne Goldschnur
- Schere
- Klebstoff

Ein Weihnachtsbaum, der mit vielen goldenen Nüssen geschmückt ist, glänzt besonders festlich. Für jede Nuß brauchst du ein 25–50 cm langes Stück Goldschnur. Die beiden Enden verknotest du miteinander. Dann bestreichst du den Rand einer Nußhälfte mit Klebstoff, legst den Knoten der Goldschnur beim Stielansatz hinein und drückst die andere passende Nußhälfte darauf (Zeichnung 1). Wenn der Klebstoff getrocknet ist, wird die Nuß mit Goldbronze bemalt.

1

hängst du mehrere Nüsse an eine längere Schnur, hast du eine Nußkette

Noch ein Tip: Statt einer Goldschnur kannst du auch feinen Blumendraht zwischen die Nußhälften kleben. Solche Goldnüsse lassen sich zusammen mit Tannenzweigen zu Kränzen oder weihnachtlichen Sträußen binden.

2

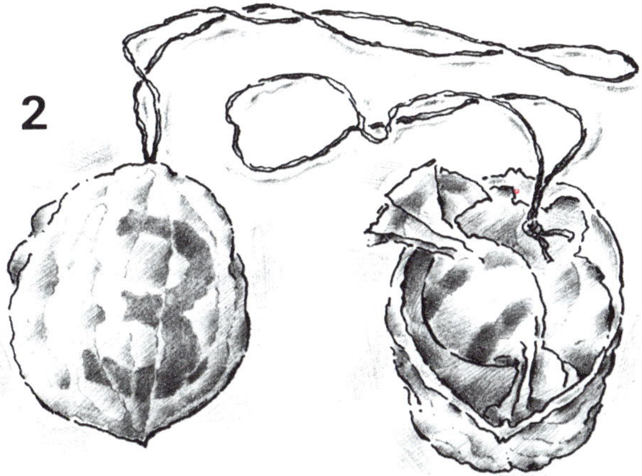

Adventsnüsse: Du kannst die Nüsse auch bunt bemalen und vor dem Zusammenkleben mit einer kleinen Überraschung füllen. Wenn du sie dann noch mit Klebstoff und Glimmer von 1 bis 24 numerierst, hast du einen ganz besonderen Adventskalender zum Verschenken (Zeichnung 2).

Schokonüsse

1 Tafel Milchschokolade in kleine Stücke brechen und im Wasserbad schmelzen.
Je 1 Tasse Rosinen und grob gehackte Walnüsse dazugeben und verrühren.
Mit zwei Teelöffeln Häufchen auf ein Blech setzen und 1 Stunde kalt stellen.

10

Bunte Nußblüten

MATERIAL

- mehrere Walnußhälften
- Goldbronze
- Pinsel
- Seidenpapier in verschiedenen Farben
- Schere
- Klebstoff

Die Nußhälften bemalst du zuerst mit Goldbronze. Während sie trocknen, paust du den halben Stern mit einem einmal gefalteten Stück Seidenpapier ab und schneidest ihn aus.
In jede Nußhälfte klebst du zwei Sterne versetzt hinein.
Fülle die Nußblüten mit kleinen Leckereien (Rosinen, Haselnußkerne, Zuckermandeln …) und stelle sie als weihnachtlichen Tischschmuck zwischen Tannenzweige.

8
4

MATERIAL

- 2 große Walnußhälften
- Holzstab (16–20 cm lang, 4–6 mm dick)
- 2 Holzperlen
- Zwirnsfaden (20 cm)
- 2 Walnußhälften
- fester Karton
- Wasserfarben
- Rundfeile
- Schere
- Klebstoff

Nußtrommel:

Feile in die beiden großen Walnußhälften beim Stielansatz mit einer Rundfeile einen Halbkreis für den Holzstab. Am oberen Teil des Holzstabes knotest du den Zwirnsfaden fest und klebst die Nußhälften dann so zusammen, daß die beiden gleich langen Fadenenden seitlich aus der Nuß herausschauen.

Holzstab und Nuß werden bunt bemalt. An den beiden Fadenenden knotest du je eine Perle fest.

Zum Trommeln hältst du den Stab aufrecht und drehst ihn zwischen dem Daumen und den übrigen Fingern hin und her. Je schneller du das tust, desto stürmischer trommeln die Perlen an die Nuß.

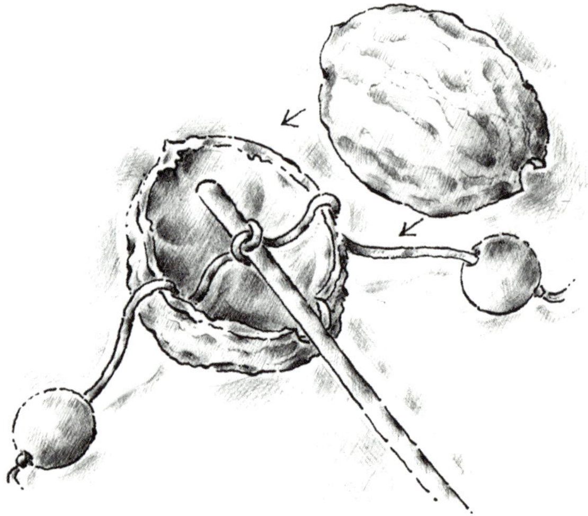

Kastagnetten:
Schneide einen Kartonstreifen zurecht, der je nach Größe deiner Hände zwischen 14 und 19 cm lang und 3 cm breit ist. Ritze ihn in der Mitte mit der Schere etwas an und falte ihn zur Hälfte. An den beiden Enden klebst du die beiden Nußhälften fest. Dann wird das Ganze bunt bemalt.

Die Klapper hältst du in der Beuge zwischen Daumen und Zeigefinger und bewegst mit den Fingerspitzen die Nußschalen gegeneinander. In Spanien werden ähnlich klingende Instrumente aus Holzschalen „Kastagnetten" genannt. Man begleitet damit Lieder und Tänze.

MATERIAL

- fester Karton
- Tonpapier
- dicke, leere Garnrolle
- Holzstab (25 cm lang), der in das Loch der Garnrolle paßt
- 5 Walnußhälften
- Wasserfarben
- Stickgarn
- Watte
- weiche Wolle
- Schere
- Klebstoff

1

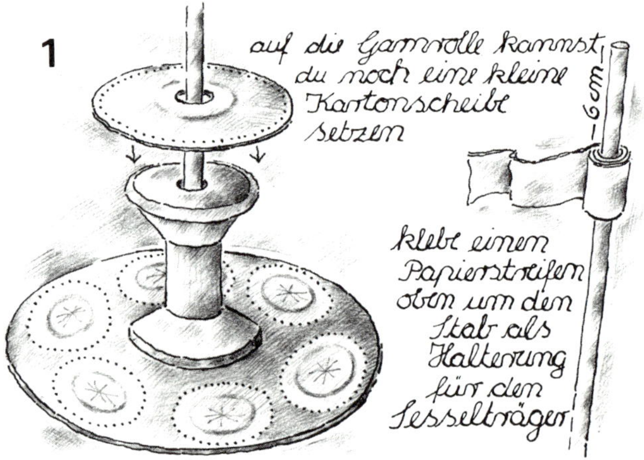

Schneide aus dem Karton eine Scheibe von 15 cm Durchmesser für den Boden und eine von 12 cm Durchmesser für den „Sitzträger“. Bemale den Boden und klebe die bunt bemalte Fadenspule auf die Mitte des Bodens.
Den Holzstab steckst du in das Loch der Fadenspule. Wenn er wackelt, umwickle ihn mit Papierstreifen (Zeichnung 1).

Nun machst du in die kleinere Kartonscheibe gleichmäßig verteilt fünf Einschnitte. Ein Loch in der Mitte der Scheibe soll gerade so groß sein, daß du sie auf den Holzstab stecken kannst.
Für das Dach zeichnest du auf Tonpapier einen Kreis von 23 cm Durchmesser und dort hinein noch einen Kreis von 20 cm Durchmesser. Der innere Kreis entspricht der Größe des Daches,

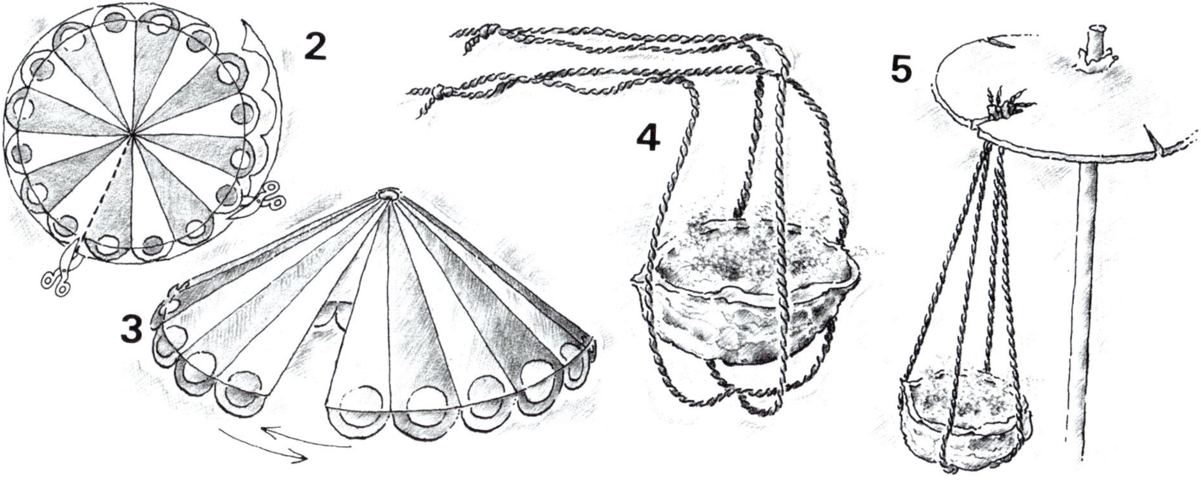

der äußere ist die Verzierung. Zeichne den gewünschten Dachrand ein und schneide den Kreis aus (Zeichnung 2).
An der inneren Kreislinie wird das Dach abgeknickt. Mit Hilfe eines Einschnittes vom Rand zur Mitte kannst du einen flachen Kegel kleben.

Nach dem Bemalen durchbohrst du die Kegelspitze, damit der Holzstab durch die Öffnung paßt (Zeichnung 3).
Für die Sitze polsterst du die Walnußhälften mit Watte oder Wolle.

Kettenkarussell

Für jeden Sitz verknotest du zwei etwa 20 cm lange Garnstücke an den Enden. In den Schlingen klebst du die Nußschalen fest (Zeichnung 4).
Den Knoten jedes Sitzes hängst du in den Einschnitt an der Kartonscheibe (Zeichnung 5).
Setze den Sesselträger oben auf die Halterung am Stab und darauf das Dach.
In die Sitze werden kleine Püppchen gesetzt.
Wie sie gebastelt werden, siehst du auf Seite 18.

Und wenn ich auf den Jahrmarkt geh,
dann fahr ich Karussell.
Aufs Pferdchen sitz ich, he-ju-he,
das geht so wunderschnell.
Und rundherum und auf und ab,
mein Rößlein, das läuft guten Trab.
Und wenn ich auf den Jahrmarkt geh,
dann fahr ich Karussell.

MATERIAL
- **1 Walnußhälfte**
- **Stoff- und Wollreste**
- **Nähgarn**
- **Stickgarn**
- **Watte**
- **1 Holzperle, unlackiert**
- **1 Pfeifenputzer**
- **Filzstifte**
- **Schere**
- **Klebstoff**

Aus dem Stoff schneidest du eine runde Scheibe von 7 cm Durchmesser für das große und eine von 5 cm Durchmesser für das kleine Kissen. Mit kleinen Auf- und Abstichen nähst du 5 mm vom Stoffrand entfernt einen Faden ein. Ziehe ihn leicht zusammen und stopfe das so entstandene Beutelchen mit Watte aus (Zeichnung 1). Danach ziehst du den Faden ganz zusammen und verknotest ihn.

Für ein Püppchen schneidest du ein 3 cm langes Stück vom Pfeifenputzer ab und klebst dieses in das Loch einer Holzperle. Die Haare klebst du aus Wolle an, und das Gesicht der Puppe malst du auf (Zeichnung 2).
Kissen und Püppchen legst du in die Wiege und hängst diese wie beim Karussell auf.
Größere Püppchen sitzen, bekleidet mit einem Stückchen Stoff, in der Schaukel. Dazu bohrst du oben in die Nußschale ein Loch und hängst sie mit einer Schnur auf.

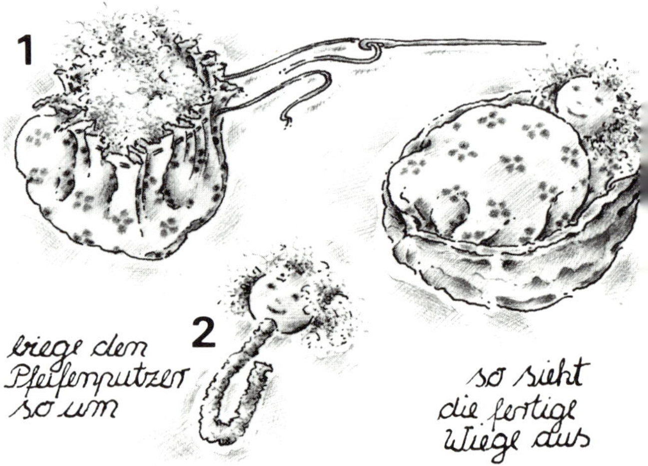

MATERIAL

- **mehrere Walnußhälften**
- **farbiges und weißes Papier**
- **Butterbrotpapier zum Abpausen**
- **Holzzahnstocher**
- **Schere**
- **Klebstoff**

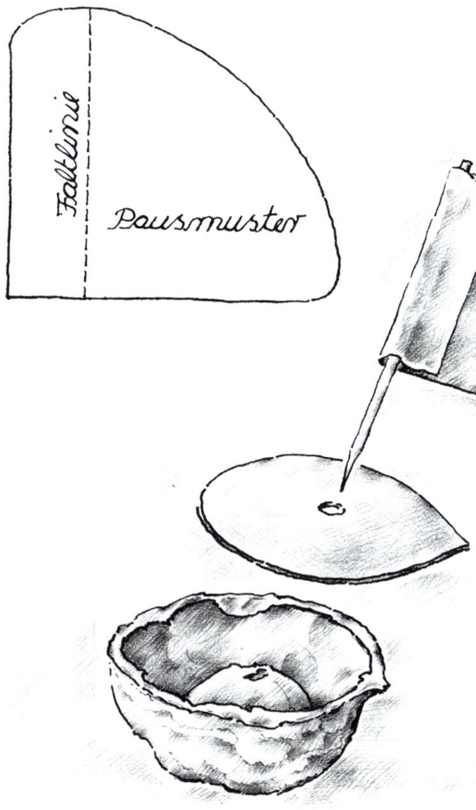

Du legst eine Nußhälfte mit der Öffnung nach unten auf das farbige Papier, zeichnest die Umrisse nach und schneidest die Form aus.
Das Segel kannst du abpausen, auf weißes Papier übertragen und ausschneiden.
Ein kirschgroßes Stück Knete wird im Bauch der Nußschale fest angedrückt. Du klebst das „Deck“ auf das Schiffchen und steckst den Zahnstocher mitten hindurch in die Knetmasse. Am Mast noch das Segel gesetzt, und die große Fahrt kann beginnen.

MATERIAL

- mehrere Walnußhälften
- fester Karton
- mehrere Holzzahnstocher
- mehrere Korken
- große, ganze Walnüsse
- dicke, leere Garnrollen
- schmale Papprollen
- Wasserfarben
- Lack
- Knetmasse
- Schere
- Klebstoff

Für ein **Auto** zeichnest du die Umrisse einer Nußhälfte auf ein Stück Karton und schneidest die Form aus. Klebe sie auf die Öffnung und bemale die Nußschale (1).
Von einem Korken schneidest du mit einem scharfen Messer vier etwa 6 mm dicke Scheiben ab. Spieße sie auf die Enden zweier Zahnstocher (2).

Mit einem Stückchen Stoff, das 1 cm größer als der Umriß der Nußschale ist, klebst du die beiden Achsen an die Unterseite des Autos (3). Dort, wo die Achsen zu liegen kommen, darf kein Klebstoff hin, da sie sich sonst nicht drehen können.

Bäume:
Als Baumstämme eignen sich außer Garn- und Papprollen auch Besenstielabschnitte, Lippenstifthülsen, runde Pillenhülsen …
Alle diese Baumstämme stehen nur dann gut, wenn sie auf eine Bodenplatte geklebt werden. Schneide diese aus Karton zurecht. Je höher der Stamm ist, desto größer muß die Bodenplatte sein. Für die Baumkrone öffnest du sorgfältig eine möglichst große Nuß, entkernst sie und klebst sie wieder zusammen. Mit Knete oder Klebstoff wird die Baumkrone auf den Stamm geklebt.
Der Baum wird hübsch bemalt und anschließend lackiert.

MATERIAL

- **1 Walnußhälfte**
- **Leder- oder Stoffreste**
- **graue und schwarze Farbe**
- **fester Karton**
- **Schere**
- **Klebstoff**

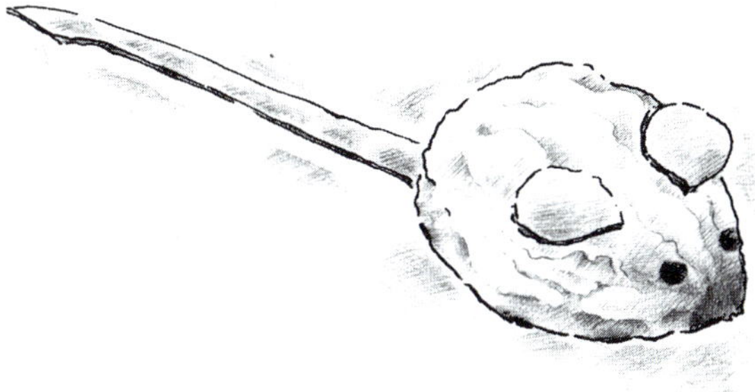

1

Bemale die Nußschale mit grauer Farbe. Aus Leder oder Stoff schneidest du Ohren und Schwanz aus und klebst sie an den entsprechenden Stellen an die Schale. Augen und Schnäuzchen werden schwarz aufgemalt (Zeichnung 1).
Mit dem Mäuschen oder anderen Nußtieren (Seite 24–29) kannst du schöne Geschenke basteln. Dazu zeichnest du den Umriß der Nußhälfte auf festen Karton, schneidest diesen aus und klebst ihn als Boden unter die Nuß. An dem Boden läßt sich nun alles mögliche befestigen: Broschenhalterung, Band, kleiner Magnet, Haarspange, Wäscheklammer … (Zeichnung 2).

2

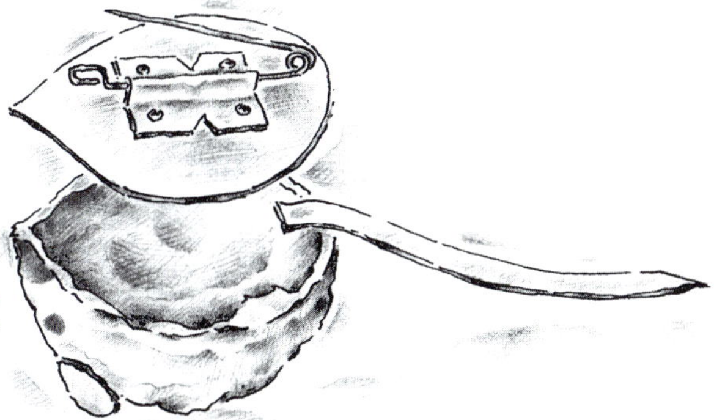

MATERIAL

- mehrere Walnußhälften
- festes Papier
- Butterbrotpapier zum Abpausen
- Federn
- Wasserfarben
- Schere
- Klebstoff

Bemale zuerst die Nußschalen. Auf das Papier kannst du das Pausmuster für die Köpfe mehrmals übertragen und ausschneiden. Augen und Schnäbel werden aufgemalt. Die Einschnitte müssen so groß sein, daß die Köpfe auf die Nußschalen gesteckt werden können.
Zum Schluß klebst du noch die Federn in die Schalen.

ZUTATEN

- 2 Eier
- 100 g weiche Butter
- 1 Tasse Zucker
- 2 Tassen Mehl
- 2 Tassen gehackte Walnüsse
- 5 Eßlöffel Konfitüre

Eigelb und Eiweiß trennen. Butter, Zucker, Eigelb und Mehl zu einem Teig verrühren. Diesen 1 Stunde kalt stellen. Ein Kuchenblech einfetten und den Backofen auf 180° vorheizen. Das Eiweiß steif schlagen. Aus dem Teig etwa 20 Kugeln formen, in Eischnee tauchen und in den Nüssen wälzen. In die Mitte wird ein tiefes Loch gedrückt. Für 8 Minuten in den Ofen schieben. Dann jedes Loch mit Konfitüre füllen und die Kekse weitere 10 Minuten nachbacken.

MATERIAL

- mehrere Walnußhälften
- farbiges und schwarzes Tonpapier
- Butterbrotpapier zum Abpausen
- Wasserfarben
- Samen, Ästchen, getrocknete Pflanzen …
- Schere
- Klebstoff

Wenn du für deinen Käfer Beine brauchst, kannst du sie von nebenan abpausen.
Für Flügel, Fühler und weiteren Schmuck laß dich am besten vom Foto rechts anregen, um dann ähnliche oder eigene Prachtkäfer zu basteln.

MATERIAL

- 1 große Walnußhälfte
- farbiges Tonpapier
- Butterbrotpapier zum Abpausen
- dünner Blumendraht
- Siegellack (Schreibwarengeschäft)
- Rundfeile
- Schere
- Klebstoff

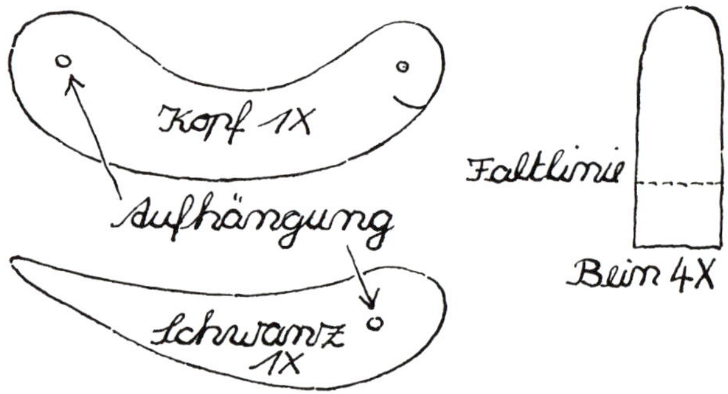

Die Körperteile kannst du abpausen und auf das Tonpapier übertragen. Schneide sie aus, male Augen, Nase und Mund darauf und bohre die Löcher. Durch die beiden Löcher steckst du je ein Stückchen Blumendraht und biegst es zu einer Schlinge (Zeichnung 1).

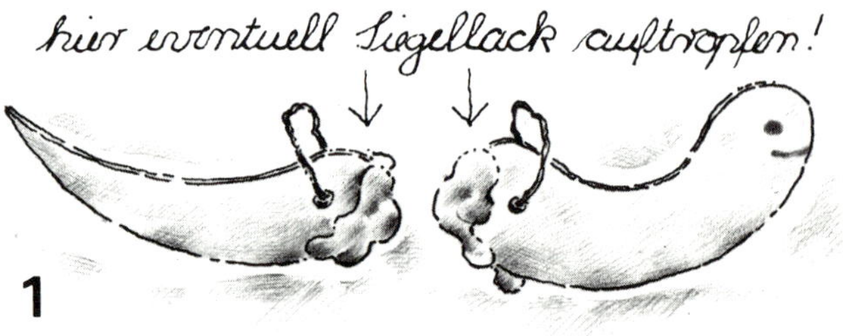

1

Nun feilst du mit der Rundfeile hinten und vorn an der Nußhälfte Halbkreise aus (Zeichnung 2). Bei einem 4 cm langen Drahtstück biegst du die Enden zu Haken um und klebst das Stück mit Siegellack an der Nußwölbung fest (Zeichnung 3). Hänge die Schlingen von Kopf und Schwanz in die Haken. Sie sollten unbedingt im Gleichgewicht sein. Kippen sie nach vorn oder hinten, so kannst du auf der Körperseite noch Siegellack auftropfen, bis das Gleichgewicht hergestellt ist. Die Füße werden im rechten Winkel abgebogen und innen am Nußrand festgeklebt (Zeichnung 4).

2

3

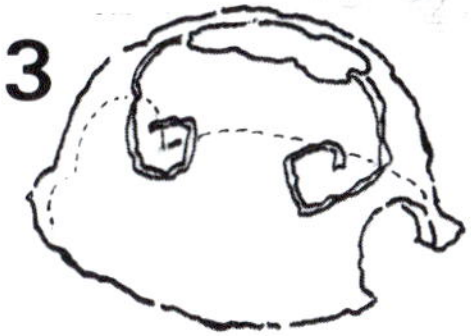

4

MATERIAL

- **49 Walnußhälften**
- **schwarzes Tonpapier**
- **rote und schwarze Farbe**
- **Lack**
- **Schere**
- **Klebstoff**

Male zuerst alle Nußhälften rot an. Mit der schwarzen Farbe werden der Kopf und die Punkte auf den Käferrücken gemalt. Die Dominopunkte müssen so verteilt werden, wie du es auf Seite 31 siehst.
Die Umrisse jedes Käfers zeichnest du auf schwarzes Tonpapier. Schneide sie aus und klebe die bemalten Nußkörper darauf.

Spielregel (für 2 bis 4 Spieler):
Vor dem Spiel werden die Käfer, auf dem Rücken liegend, auf dem Tisch gemischt. Jeder Spieler zieht einen Käfer aus dem Haufen, und der mit der höchsten Punktezahl darf beginnen. Die Käfer werden zurückgelegt und nochmals unter die anderen gemischt. Nun nimmt sich jeder Spieler 9 Käfer. Der erste Spieler legt einen beliebigen Käfer auf den Tisch, der nächste Spieler muß mit der gleichen Punktezahl anschließen. Dabei schauen die Käfer stets in eine Richtung, mit Ausnahme der Käfer, die eine Doppelzahl tragen. Kann ein Spieler nicht anlegen, darf er so lange (höchstens aber fünfmal!) einen Käfer vom Haufen nehmen, bis er den passenden erwischt hat. Sind keine Käfer mehr da, hat er Pech gehabt.
Wer zuerst alle seine Käfer anlegen konnte, ist Sieger.

Käferdomino

Das gibt es vom Bastelbär

Bunte Hefte zum Basteln und Spielen

Im Winter …

Basteln mit Papiermaché

Hokuspokus – Zauberspaß

Kleine Geschenke für das ganze Jahr

Basteln mit Holz

Basteln und Spielen im Freien

Erstes Papierfalten Schiffe, Hüte, Hexentreppe …

und noch mehr findest du in dem Sammelband
Mein buntes Bastelbuch

Ravensburger Bastelbär

Printed in Germany

Elisabeth Gloor (Idee, Text)
Sylvia Öwerdieck (Grafiken)
Cornelia Funke (Bastelbär-Grafiken)
Ulrike Schneiders/Thomas Weiss (Fotos)
Ekkehard Drechsel (Umschlaggestaltung)
Ulla Minje (Redaktion)

ISBN 3-473-37590-X DM 3,80
9 783473 375905
4 3 2 98 97 96
Ravensburger Buchverlag